GOBOOKS
& SITAK
GROUP©

生活視窗
062

愛，不是找到喜歡的人，而是接受不完美的他

（原書名：愛，不是你以為的那樣）

暢銷心靈作家
何權峰 著

LOVE

高寶書版集團

【改版序】

愛，不是找到喜歡的人，而是接受不完美的他

愛最大的弔詭，就是你不知道在你眼前的到底是愛人還是敵人。我們最愛的人，往往也是我們最挑剔，或最挑剔我們的人。通常彼此相愛的雙方，也必定對對方有某種程度的不滿、批評與憤恨。這正是人們對愛總是既期待又怕受傷害的原因。

事實上，期待本身就是傷害。因為當你去期待，你愛的對

象就不只一個人，而是兩個，一個是期待的對象，一個是真實的對象。會帶給你傷害的並不是真實的對象，而是你期待的對象。

同樣，婚姻不美滿，真正讓你不滿的也不是婚姻，而是你對婚姻的期待，期望愈高，痛苦和傷害也就愈大。

所以，如果你因愛而受苦，問問自己：這傷害和痛苦是怎麼來的？是因為愛嗎？還是自己的期待？

在這世上本來就沒有完美的人，我相信也沒有一個人是故意不完美，每個人都是表露出他們本來的樣子。沒錯，他（她）就是這樣。為什麼不去接受事實的真相？

美國女影星安潔莉娜．裘莉（Angelina Jolie）曾說：「我們之所以愛，不是為了找到最完美的人，而是為了學會完美對待不完美的人。」

這話說得真好！真愛並非藉另一個人來讓自己變得美滿，而是學習接受另一個人的不完美，讓自己變得完美。美好關係，也不在於你們有多麼合得來，而是你們如何接受彼此間不合之處。

就像美國男影星羅賓．威廉斯（Robin Williams）所說：「她不完美，你不完美。問題在於，你們二人對彼此來說是否都最完美。」這才是重點。

人們一直以同樣的觀點，同樣的劇本，同樣的模式相處，直到有一天有了新的體悟，用新的眼光、新的方法與相同的人在一起，才開展全新的關係。本書重新改版，祈能帶給你美好的開始。

目次

contents

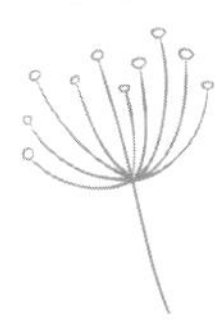

Part 2｜凡是你所排斥的，就是你需要學習的不可不知的兩性五大法則

目次
contents

Part 3 —— 如果你覺得別人很難搞，那是因為你無法搞定自己
成就幸福美滿關係的五大原則

【結語】

愛就是欣賞你不喜歡和你不愛的。如果在你生活周遭有太多你討厭或不愛的人事物，那是因為你一直排斥，所以它們才會一再出現，你必須學會生活的藝術——將它們蛻變成愛。

【前言】「天作失和」是「天作之合」

在這浩瀚的世界，一個人能與另一個人認識交往，進而結為伴侶，這種機會有多少你知道嗎？

有人做過這樣的統計，一個人與另一個人相遇的可能性是千分之一，成為朋友的可能性大約是兩億分之一，而成為終身伴侶的可能性卻只有五十億分之一，這是多麼不容易啊！

所以，當人們有緣相識並共結連理，大家總會賀喜他們，說他們是「天作之合」。的確也是如此，若非是「天賜良緣」，這芸芸眾生中的兩人怎麼可能配在一起？

但是，既是「天作之合」，許多人不免又要問，為什麼配在一起的人往往都不合呢？

這問題點出了人們對婚姻和兩性關係的誤解——以為伴侶「要合才適合」，正所謂「百年好合」。因而當雙方的個性、想法、認知不合，感情也就失和，關係自然也就不可能好合。

我看過太多的人在親密關係中掙扎糾結、怨懟鬱悶，甚至無法繼續相處，歸咎原因，其實都是犯了同樣的錯誤。他們要不就排斥差異，拚命抹去彼此的不同；要不就努力改變對方，讓對方更契合自己，對立和衝突也於焉而生。很少有人領悟到：這些差異可以讓他們更了解自己，不合反而讓他們學到更多。

例如，有位太太非常溫和，而先生卻是一個脾氣暴躁的火爆浪子。所以她只好忍氣吞聲，她無法理解為什麼會這樣？她說：「我已經一再容忍，但是他卻得寸進尺，甚至變本加厲，怎麼會這樣？」

而先生也有話要說，他說：「我才受不了她，做什麼事都不用大腦想一想，老惹我生氣！」

其實那位太太就是太過壓抑了，她需要先生來發洩她所沒有發洩的憤怒；而先生也需要太太這種寬容的態度，來讓他看到自己的德性。這兩個人安排成一對，事實上是「天作之合」。

有人比較有風度，有人比較火爆；當然，如果發生衝突，有風度的一定會覺得挫敗。但當你獲勝的同時，你已經輸掉了風度。

有人腦子想得比較多，有人卻不會想；如果你什麼都不去想，當然，這樣遲早會出問題。但是想得比較多就沒問題嗎？不，如果你凡事想太多，那麼所有事都是問題。

許多關係就是這樣在配對。一個脾氣不好的先生，可能配上溫和的太太；一個做事要求效率，另一人可能慢條斯理；其中一人非常理性，而另一人則可能非常感性；其中一人會想要較多的承諾和親密，而另一人卻想要更多的自由和空間；這樣的組合，就學習的角度而言，其實是最完美的「一對寶」（The Odd Couple）。

換句話說，人們所謂的「不合」反而是「天作之合」。然而，除非我們有所覺知，並願意為發展「更好的自己」而全然接受，否則這「不合」就會變成感情問題的根源。

你和另一半不合嗎？你覺得自己愛錯了人嗎？記住，你並不是愛錯，而是弄錯了。愛永遠不會錯，你覺得愛錯了，是因為你帶著錯誤進入愛。如果你用雙方是否合得來，來衡量彼此的愛，就錯失了整個愛情和婚姻關係的意義。你的另一半本該具備若干你所欠缺的不同特質，這是他（她）的任務。否則你又何需「另一半」呢？

每個人原本都欠缺另一半，要找到另外一半才能成為完整的「一」。傳統習俗總是祝福佳偶們，要雙雙對對、成雙成對，其實那是不對的。婚姻應該是單數，而不是雙數。不是一加一等於二，而是0.5加0.5等於一。也就是兩人各削去自己的一半，然後合在一起，那才是婚姻的真義。

兩性關係之妙，就在雙方「既不同又相合」、「既相異又相愛」，就像一對左右相異的翅膀，要找到平衡，才能展翅遨翔，飛得更高更遠。

愛，不是找到喜歡的人，
而是接受不完美的他

Part 1

你不是愛錯，而是弄錯了

——————釐清愛的三大迷思

迷思一：

相對不等於敵對，相異反而相配。

“一條河流不可能只有一個岸，另一岸一定是存在的，另一岸一定是相對，這是很簡單的道理，相對並非敵對，唯有相對的兩個岸才能支撐整條河流。如果你去破壞或推翻了另一岸，河水當然會潰堤。”

任何能量的流動，都有相對的另一極，就好像電必須有正極和負極來交互運作，如果只有正電或只有負電，電就不會產生。男女之間也是一樣，一個男性就需要一個女性，他們彼此才會有那麼多的吸引力，當兩性會合，才會產生火花。

相異使兩性互相吸引，離得越遠，那個吸引就會越深；雙方越是不同，那個吸引就會越大，然而問題也在這裡。當他們越親近，那相對的部分往往會引發敵對，那相異的部分就會產生衝突，這就是為什麼男人與女人之間總是無法分開又很難在一起。

紅花配綠葉，是對立也是一種平衡

如果你去注意宇宙法則，你會看到陰極與陽極，光明與黑暗，太陽與月亮，男性與女性，它們都是既相對又互補，形成一種美好的平衡。

一個很節儉的人，可能遇到一個愛花錢的對象；一個很感性浪漫的人，可能選擇一個很理性的對象，這就是一種平衡。

我們也常看到，有些女人非常愛整潔，卻有個邋遢的先生；沉默的丈夫卻有個聒噪的太太；喜歡外出交際的先生，卻有個戀家型的老婆；一個做事一頭熱的「拚命三郎」，可能配一個溫溫吞吞的「慢郎中」。就學習的角度來看，這樣的安排正是天造地設的一對。

我認識一對夫妻，妻子個性敏感，很神經質，常疑東疑西，而丈夫卻正好相反，他神經很粗，「反應遲鈍」，於是，每回太太想「發神經」都發不起來，想要戰鬥都找不到對手，最後也就不了了之。

還有一位朋友他很會享受，花錢不眨眼，家中到處都是名牌的東西。而他太太卻很節儉，平常省吃儉用，因此只要他又買東西回家，兩人就開始起爭執。雙方都認為對方有問題，是對方的錯，甚至懷疑自己：「當初真是瞎了眼，為什麼會看上他。」這看似「相對」，其實卻是最「相配」。

所謂「紅花配綠葉」，紅色和綠色互為對方的補色，既是對立，也是一種協調的平衡。

生活節儉的人會告誡對方說：「你得節制點！別亂買些不需要的東西，萬一哪天有需要時，你就沒錢！」愛生活享受的人可能反過來教導對方：「錢本來就是要拿來花的，不懂得享受，要那麼多錢有什麼用？」雙方都在教，也都在學。

相異也是互補，相對並非敵對

換句話說，男女相異的部分也是互補的部分，它們是相對而非敵對。這些人提供你各種挑戰，可以強化和彌補你欠缺的部分，此即為何人們「愛上」的對象往往是與你相反類型的人。

有一位小姐個性非常積極強勢，而男友卻消極保守。沒多久兩人就分手了，她認識了另一個男友，他非常強勢，她反而變得消極保守。

還有一位先生很愛說話，而太太很沉默。在幾年之後，他選擇了另一個女人，她舌粲蓮花，整天說個不停，後來他反而變得沉默了。

兩性常被相異的人所吸引，這原是造物者的設計。這設計使男女因其差異而較難一起生活，但是對彼此成長卻大有助益。

相愛是基於對立的吸引，相處卻必須融解對立

人們常說相愛容易，相處難。為什麼？因為愛的吸引是來自相異，而當人們進入愛，卻期待相同。一旦相異的一方期待

對方與自己的想法和做法相同，那原本吸引的差異性就成了紛爭的起源。

所以，當社會中的男女變得對立，同性就會彼此吸引，同性戀的人就會不斷增加，因為同類彼此容易了解，這樣比較不會有衝突。但是有趣的是，你與某人越是相似，你們的關係越可能乏味，有時當兩人消弭了相異點而越來越相似時，兩人之間的互動和吸引反而越來越少，然後關係就會變得可有可無。

就一方面來講，相反的兩極必須配在一起，才會有火花；而就另一方面來講，火花也可能引發火災。相愛是基於對立的吸引，相處卻必須融解對立，除非人們可以了解這個道理，否則那些痛苦和麻煩是沒完沒了的。

關鍵不是異中求同，而是要同中存異

一條河流不可能只有一個岸，另一岸一定是存在的，另一岸一定是相對的，這是很簡單的道理，相對並非敵對，唯有相對的兩個岸才能支撐整條河流。如果你去破壞或推翻了另一岸，河水當然會潰堤。

兩性相處就像兩條腿，表面上看來好像各自分開，但左腿和右腿都是你的腿，他們是一體的。他們必須平衡才能支撐身體。當你要往前走時，手腳自然是一前一後才協調，如果刻意要求同手同腳，不但怪異，也不好走。

相愛之道也是一樣，關鍵不是異中求同，而是要同中存異。不是熄滅對方的火光，而是要將它拿來引路。

見了他，她變得很低很低，低到塵埃裡，但她心裡是歡喜的，從塵埃裡開出花來。

——張愛玲

迷思二：

不同不等於不好，不合反而適合。

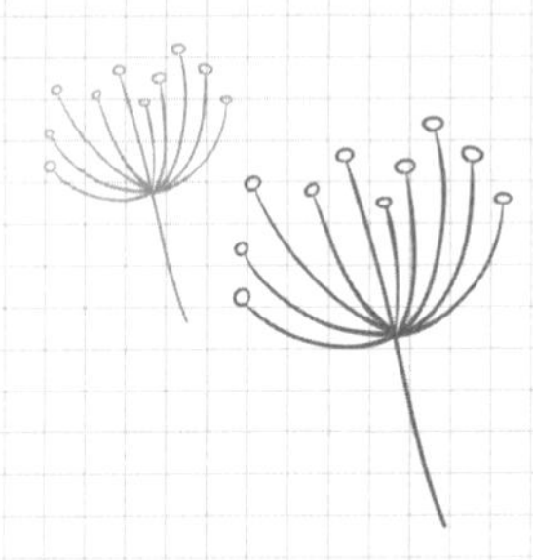

“

兩個相同好禮讓的人碰在一起，一個說：「你先請。」另一個也禮讓：「哦，不行，您先請！」「喔，怎麼可以，還是您先請。」「哦，不行，不行，您先，您先請！」結果兩個人永遠都留在原地。

”

一群已婚多年的朋友聚在一起，談起夫妻間的種種不合，在場的人竟然無一倖免。這就怪了？當初不是兩情相悅，覺得彼此適合才結婚的嗎？為什麼婚後卻合不來還抱怨連連？問題到底出在哪裡？

問題就出在，人們常把「不同看作不好」，又把「不合認為不適合」，所以在婚姻中只要雙方想法、做法、價值觀不同，或是個性、觀念不合，問題就來了。

然而，是誰說不同就不好？不合就不適合呢？在前面我已經說過了，兩性是「相對的」，愛的吸引是來自那個「相異性」，所以夫妻不同和不合非常正常，也是「理所當然」的，反倒是要求對方相同、期待伴侶彼此就像豆莢裡的兩顆豆子，那才是整個婚姻問題的根源。

與相同的人在一起，問題更麻煩

人們常有種謬誤，認為「相同才能相合」，只有跟我們相同的人，才可能與我們最適合，這樣就不會有問題。然而，事實並非如此，與相同的伴侶在一起，問題才更麻煩。

怎麼說呢？你想想看，如果夫妻相同，比方一個愛花錢，另一個也是購物狂，這兩個人當然很合，但是他們真的適合嗎？不，也許不出多久他們就會破產。

又或者，一個做事像在賣命，另一個做起事來也像拚命三郎，這兩個人應該也很合，對嗎？但是如果把這兩人擺在一起，他們要不累死，遲早也會把雙方給「整死」。你認為他們真的適合嗎？

和一個與你太相同的人在一起，問題還不止於此。比方碰上同樣的狀況，雙方往往會看不清楚，或是容易陷入某種困境而無法跳脫。最顯著的例子即是兩個人的個性相同，比如：兩人都喜歡掌控，那就永遠有管不完和鬥不完的事；如果雙方都很固執，那兩人就容易陷入僵局，甚至無解；而如果兩人同樣善變，那也很麻煩，他們將很難有共識，因為過一會兒，也許有人又變了。

所以，不是相同就好。兩個相同好禮讓的人碰在一起，一個說：「你先請。」另一個也禮讓：「哦，不行，您先請！」「喔，怎麼可以，還是您先請。」「哦，不行，不行，您先，您先請！」結果兩個人永遠都留在原地。

他們救了自己，也因此救了彼此的生命

在天平的一端有個向左走的，另一端最好碰到一個向右走的，這樣才能平衡。在男女和婚姻關係裡面，許多看似「不合」其實是最好的「組合」，所謂的「不合」，只是平衡過程中的失衡現象。

有一則流傳已久的故事：

村子外頭的森林裡住著兩個乞丐，其中一個是瞎子，另一個是瘸子，他們競爭得非常厲害，因而彼此不合，相互為敵。

有一天晚上，森林發生了大火，火勢蔓延得很快。那個瞎子雖然可以跑，但是他看不到；而那瘸子呢，雖然看得見，卻無法跑。眼看火勢越來越猛，他們的死期就要到了。

他們突然領悟：「我們互相需要對方。」在這個緊要關頭，他們終於盡釋前嫌，丟棄了相互敵對的狀態。那個瞎子背著瘸子，由看得見的瘸子引路，就這樣，他們成了絕妙的組合，很快地逃出火海。他們救了自己，也因為救了彼此的生命而成了朋友。

你看，是不是？不同不等於不好，不合也可以配合。夫妻可以成為敵人也可以是最好的朋友。如果伴侶雙方都意識到這點，不再對抗，那麼對彼此來說將是一個很好的機會，可以完全了解不同的觀點，並學習配合，那麼男人與女人在一起的生活就能夠變成一個很美的平衡，否則將會是一場永無止盡的爭鬥。

問題不在她，而是在你

感情失和的故事，形形色色不下千萬種，但是如果你深入去探究，並非「不合」感情就「失和」。有許多伴侶個性完全不合，人家也相安無事，為什麼你卻爭鬧不休？這問題的答案其實不在別人身上，而在你自己。

前陣子，有位學生跑來告訴我，他因個性不合，想跟女友分手。

「怎麼不合？」

「我們常爭吵。」他說：「女友常批評我懦弱，她說我沒擔當。」

我說：「聽你這麼說，我覺得你女友反而很適合你，因為她願意點出你的問題，這是很『難得』的。」

「什麼……很『難得』？」

「沒錯，」我接著說：「最好的朋友就像一面鏡子，能照出另一面的你，能幫你看清自己的錯誤。所以，現在的問題不在她，而是在你，你要如她所說的像懦夫一樣逃避呢？還是有擔當一點，勇敢的面對改變。」

沒錯，感情問題是我們探索和成長的機會，而非分手的理由。

正因為不合，所以，你們非常適合

愛上一個人最大的收獲是，能藉由對方對我們的挑戰，讓我們看到自己的問題。愛打開了我們的視野，讓我們從另一個人的眼睛看世界。如果我們把這項挑戰當成威脅，而不是難得的成長機會，那就錯失了良機。

這世上本來就沒有人是一模一樣的，也沒有人是完全相同的。這是世界之所以豐富多彩，也是你來到世界這所學校的目的。

你想過嗎？如果每一個人想法都相契，將會多麼無聊；如果每一個人觀念都相合，將會多麼無知；如果每一個人個性都相同，將會多麼無趣；如果每一個人都跟你一樣，那還要你做什麼？這世界有你跟沒有你又有什麼不同？

不同是好的，不合是非常適合的，因為這樣的話，你就會一直有東西可以探索、可以去學習，可以打開視野。事實上，正因為不合，所以，你們非常適合。透過相互學習，以成全彼此的生命，才是男女相愛的正道。

對一個人有成見之後，便無法公正判斷事情的結果。

——珍．奧斯汀《傲慢與偏見》

迷思三：
否認不等於不存在，陰影反而顯露真相。

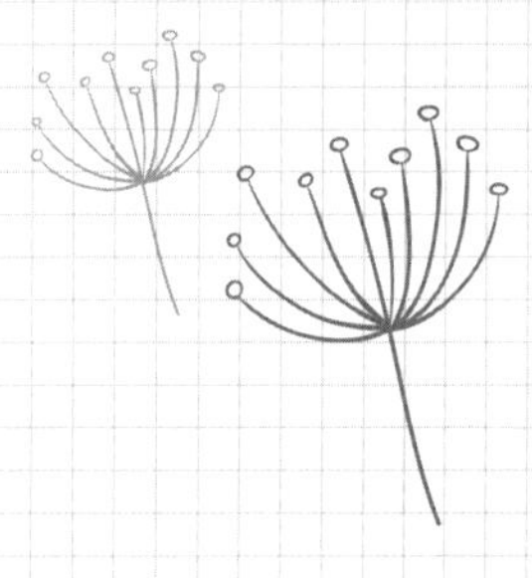

“

有時我也愛發脾氣，難怪我不喜歡愛生氣的人；偶爾我也會誇耀，難怪我會討厭誇耀的人；我有時也會想偷懶，難怪看到其他人懶惰時，我會這麼不高興……原來，我氣的是反射出來的自己。

”

當人來到世上，以全盤接受的態度面對人事物，並沒有什麼對錯好壞之分，然後隨著成長，我們學到「二元性」。我們的自我就被分成兩部分：被接受的自我和被拒絕的自我。

當你接受「我是積極熱情」這樣的身分認同，相對也就拒絕「我是被動懶惰」的自我。有認同，就會產生不認同。在大部分的情形下，每一種身分認同也暗示一種價值判斷，那被否定也就成了不好、不對的事。

依此類推，如果你接受「大公無私」，那「自私」就會被你拒絕；如果你認同「誠實」，那「不誠實」就被否定；如果你認同「同情心」，那「沒同情心」就被你否定。

陰影，是每個人的陰暗面

但是，否認不等於不存在。我們雖具有同情心，但有時也可能傷害別人的心；我們雖然認同誠實，但偶爾也可能撒謊；我們宣揚公正無私，但有些時候也可能會偏心或有私心。我們同時存在以上兩者，而那些被我們排斥的部分又到哪兒去了？

那些真相並沒有消失，它們就形成所謂的「陰影」。

「陰影」這個詞最早是由精神分析大師卡爾・榮格（Carl Jung）所提出的。陰影，就是所有這些你否認（排斥）真相的總合，是人不能或不願看到、卻又存在於自己裡面的部分。更明白地說，陰影是我們身上不受歡迎、想要避開的部分，也可以說是每個人的陰暗面。

比方，你常強調自己很獨立，但另一方面你也渴望有人可以依靠；那個你想「依賴」的自我就被隱藏起來，不讓人看見。由於陰影推翻我們的身分認同，所以很自然地你會去否認，就像把頭埋進沙裡的鴕鳥。如果有人顯露你的陰影，你就會抗拒，會不承認，甚至從「不承認」最後發展成「沒這回事」。

看見陰影，很容易就被激怒或覺得厭惡

那要如何辨識陰影？

有一個簡單的方法，就是找出別人身上令我們憎惡的特質，仔細審視。你憎惡誰或很不喜歡哪種人？你最討厭他們的哪一部分？這些都是你的陰影。

譬如：你說我討厭君儀，她愛現、三八又沒有內涵。在這個例子裡，你很可能有點內向、要求自己比較嚴謹，你認為有

內涵的人不會愛炫耀，但有時你也會想表現自己，只是你壓抑住。所以當你看到愛炫耀的人，就覺得討厭。這「愛表現」就是你的陰影。當我們身邊的人具有我們陰影的一部分，我們很容易就會被激怒或覺得厭惡。

心理學家稱這種無意識的機制為「投射」（projection）。我們把自己的某種特質，投射到其他人身上，而完全否認自己擁有這些特質。經過投射後，當我們看到被投射的對象表現出這些特質，就會很排斥。

比方你有時也很誇大，然後，當有人很誇大，你就會排斥，你會對誇大的人投射出批判：「這人有夠誇大，真令人討厭。」

你隱藏恐懼，然後當你看到有人很害怕，你就會不以為然：「有什麼好怕的，真是太沒用了。」

你壓抑悲傷。然後，當有人是悲傷的，你就會排斥或阻止他繼續悲傷，因為它很容易引發出你自己的悲傷。投射可以讓我們把各式各樣的問題看作是「外在」，只因為我們不願接受它們是「在我裡面」。因此，如果你厭惡自己內在某個部分，如果你排斥它，你也會排斥在別人身上同樣的東西。

任何你內在不歡迎的，你就會批判

榮格談到人們努力壓制陰影時就警告說：「人格中每一個不為你所愛的部分，漸漸地都會對你有敵意。」任何你內在不歡迎的，你就會批判。當你看到它在你或別人身上，你就會譴責。

一位主管在獲悉員工請假是為了出去旅遊，很不高興，怎麼可以為了玩樂把工作丟下，這太沒責任感。事實上他也很想放下工作，出去旅遊。

一個職業婦女常數落在家照顧孩子的朋友，說她沒見識，認為她應該儘早回到職場，但其實她也很想留在家裡。

一位父親阻止孩子投資股票，因為他投資總是失敗；一位老師經常挑剔一位有異性緣的女學生，因為她先生也很有異性緣，常在外頭捻花惹草。

那些我們批評得厲害的人，通常就是表現出我們心中受到壓抑的影子特質的人。你越討厭，就表示陰影越嚴重。當然，要我們承認或接受那些令你討厭的人，實際上是反映了我自身被否認的部分，並不容易，否則也就不是我們的陰影了。

我氣的是照出我內在的一面鏡子

像我就不喜歡沒時間觀念和太懶散的人。記得有一位剛被聘任的祕書，她才來上班一週就遲到過二次，我問她：「怎麼回事？」

她吞吞吐吐地說：「因為我手錶慢了幾分……」這是什麼理由啊？我說：「如果妳不快點換掉手錶，我們很快就會換掉祕書。」

還有一位研究員，我發現他常在上班時間泡咖啡聊天、看報。「現在是什麼時間？」一次，我忍不住當面問他：「你不知道上班該做什麼嗎？」

他解釋：「知道，但已經快下班了。」

「已經快下班，但還沒下班，對嗎？」我說：「所以，你就應該去做該做的事，而不是老是做自己想做的事。」

事後我回顧整件事，我發覺自己似乎太嚴厲了。沒錯，上班是該準時，是該有上班的樣子，但我的態度是不是有點小題大作？我進一步檢討自己，他們是不是反射出我的某個部分。我是很有時間觀念，但有時我也希望自己能悠閒自在；我要求自己很嚴，但我同時也希望能放輕鬆，我把這部分的期待深鎖在心中。這個人的行為刺激到我「想做卻又不能做」的感覺，難怪我會那麼氣。我對自己很懶散的時候，正是這種感覺。我氣的是照出我內在的一面鏡子。

就像陽光幫你照亮每個陰暗的角落

如果你能了解陰影其實是一面鏡子，你對別人的看法就會截然不同。這個人是我的鏡子，他反射出我的某個部分。

有時我也愛發脾氣，難怪我不喜歡愛生氣的人；偶爾我也會誇耀，難怪我會討厭誇耀的人；我有時也會想偷懶，難怪看到其他人懶惰時，我會這麼不高興……原來我氣的是反射出來的自己。

所以，陰影並不是不好，我們隱藏和排斥它們，是因為當我們對自己有個理想藍圖時，於是那些不符合我們理想的就被排斥。但其實我們兩者都包含，只是把自我分成兩部分。

以我個人來說，我平常雖嚴謹理性，有時我也很隨和感性；雖然我不喜歡鬆散效率差、遊手好閒、無所事事的人；另一方面我也期待能放鬆自己，沒有目標要達成、沒有時間壓力、可以自由自在，無所事事。這兩者都是我。

如果我們拒絕面對真相，不肯面對真實的情形，就永遠無法讓自己完整。反之，如果我們坦然面對，那麼它們便是一項很好的禮物，你會從排斥轉而接受，從譴責轉而感激。因為那個你所譴責和排斥的人和事，就像陽光可以照亮你內在每個陰暗的角落。

不論是哲學巨著還是箴言集，不論是抒情詩還是小說，在涉及愛情的表述中，總有一人是作者傳達的對象，儘管這人物往往像個幽靈，或是某個尚未問世的創造物。沒人願意談論愛情，除非是為了某某人。

——**羅蘭．巴特《戀人絮語》**

愛，不是找到喜歡的人，
而是接受不完美的他

Part 2

凡是你所排斥的，
就是你需要學習的

——————不可不知的兩性五大法則

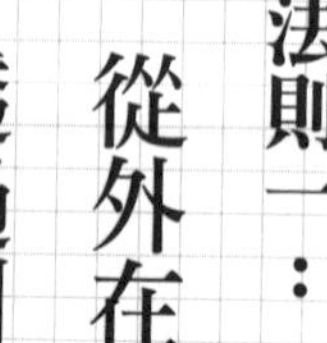

法則一：從外在看內在，從別人看自己。透過別人，你才能認識真正的自己。

“

當你對太太說：「妳都不體諒我！」也許是你也不體諒對方。

當妳對先生說：「你為什麼不替我想想？」也許正意味著妳也沒替對方想想。

當你說：「你怎麼不去照照鏡子？」也許代表著你也應該去照照鏡子了。

”

你是否曾經觀察過？事物會隨著你的心情而改變。如果你心情很好，碰上的人事物幾乎都令人愉快；而當你心情不好的時候，那就糟了，好像沒有人讓你覺得順眼，任何事都能惹惱你。

如果你很快樂，周遭的一切是美好的，人也會感覺比較友善；但當你不快樂時，那美好就消失，人也變得不友善，你會將內在投射到外在的人事物上。

外在的人和事，會顯現出你的內在

你還記得初戀的感覺嗎？在那個時候，是不是放眼看去一切都是美的，夜色好美，玫瑰花好美、優美的音樂、燦爛的星空、眼前的佳人，怎麼看都美，而現在你跟同一個人在一起，卻沒有那種感覺，為什麼？為什麼相愛的人在一起久了，許多的美好都變成醜惡？

因為美並不是在你的外面，它是在你的內心裡面。當你愛一個人，那個人會立刻變美，正所謂情人眼裡出西施；然而當你不愛或恨的時候，那人就會立刻變醜。所以，並不是那個人真的變醜，別人只是一面鏡子。如果你是美的，鏡子就投射出美；如果你是愛的，鏡子就投射出愛；如果你從別人的身上，看到的是醜惡、是恨，那是因為你內心裡面就是這些東西。

「你從別人身上看到的其實是自己。」明白這層道理非常重要，因為每當你忿恨的時候，你總是把箭頭指向外面，說是因為那個人或那件事引發你的忿恨，你從沒有想過他們是在幫助你，幫你顯現出隱藏在你裡面的東西。

你從別人身上看到的是自己

有個朋友，他說自己非常困擾，最近他經常跟太太吵架，她太強勢了，什麼事都要管，現在連小孩都不聽他的話，「我在家裡真是一點地位都沒有。」

我說：「為什麼你會覺得自己沒有地位？因為你也想別人聽你的話，對嗎？她什麼都要管，但要不是你也什麼都要管，她就不需要強勢，而你也不可能經常跟她吵架，對嗎？孩子聽媽媽的話，那並沒有什麼不對，你認為不對，那是因為他們聽的不是你的話，這才是問題所在，你其實也想像你太太一樣強勢，不是嗎？」

我們對別人的意見，主要是取決於他們使我看清自己什麼，而不是我們如何看他們。這點必須牢記，不管跟誰在一起，你的先生、太太、朋友、同學、你的情人或敵人，把他們當做一面鏡子。你可以在他們身上看到你自己，如果你看到的是一個醜惡的人，不要去批評，不要去責罵，那個醜是在你的內在，你應該感謝這面鏡子，要感謝他們讓你看到自己。

你氣的其實是自己

當你批評某人易怒、無理取鬧，很可能是由於你自己生氣時會變得不講道理；如果你責怪別人沒擔當、沒責任感，很可能也是因為你不想擔負責任。

當你對太太說：「妳都不體諒我！」也許是你也不體諒對方。

當妳對先生說：「你為什麼不替我想想？」也許正意味著妳也沒替對方想想。

當你說：「你怎麼不去照照鏡子？」也許代表著你也應該去照照鏡子了。

如果你覺得伴侶對你失去熱情，可能是因為你也對他失去熱情；就像一位婚姻專家說的：「如果我們的婚姻變得乏味，可能是因為我覺得乏味，或更糟糕的是我這個人很乏味。」

事實上，那些令你厭惡的人是在幫助你，他幫助你了解自己，讓你發覺你的陰暗面。這也就是為什麼當我們跟一個人越親密，就越容易產生厭惡，因為他讓你看到自己的真面目。

你很少對一個陌生人生氣，你常會對配偶生氣，對父母生氣，對兒女生氣，為什麼你對越親近的人就越生氣？因為，你厭惡的人其實是你自己，而當你與人越親近，就越難隱藏自己，所以你會生氣，你對他們生氣，你會把氣出在你親近的人身上，那是因為他們已經是你的一部分——你氣的其實是自己。

所有的人際關係都是一面鏡子

別人永遠是一面鏡子，你的伴侶，是一面鏡子；你很討厭的那個人，是一面鏡子；那個你很喜愛的人，是一面鏡子。你所有的人際關係都是一面鏡子，透過他們，你才能認識真正的自己。透過別人，你才會了解到你的恐懼、你的憤怒、你的嫉妒、你的貪欲、你的喜樂、你的愛恨以及你內在的真相。

你在發掘對方的過程中，不知不覺你也等於是發掘你自己。去了解他的感覺、想法，你也更了解自己，你們相互成為對方的鏡子。

所以，當你痛恨一個人時，你應該問問自己：「這個人使我想起自己哪些討厭的地方？」

當你愛一個人時，也問問自己：「這個人使我想起自己哪些可愛的地方？」

當某人或某事讓你不高興時，你可以反問自己：「是不是我把不愉快投射到這個人或這件事上面？」

運用鏡子概念，我們就可以利用別人了解自己，那對方就成了你的借鏡。你在看別人的同時，也在看自己；在看到自己外在的同時，也可看到了內在。就像心理學家榮格說的：「由對他人的不快中，可以得到自我省察的機會。」

再要苦苦怨念世間不提供，徒然跟自己倒戈而已。想開了，反而有一份隨興的心情，走到哪裡，賞到哪裡。不問從何而來，不貪求更多，也不思索第一次相逢是否最後一次相別。

——簡媜《落葵》

法則二：

你是什麼樣的人，就會認為別人是什麼樣。你不能容忍他人的部分，就是不能容忍自己的部分。

“如果你對一棵長滿蘋果的樹木丟石頭，掉下來的就只會是蘋果，不管誰丟的都一樣。一個真正良善的人，不管你對他怎麼樣，他顯現出來的就只會是平和、良善，因為他就是那樣的人。”

簡單地說，這法則就是：從果子就知道你種的是什麼樹。

如果你很小氣，你就會認為別人很小氣；如果你很愛錢，你會認為別人也很愛錢；如果你很虛偽，你就會覺得別人虛偽；如果你常說話不算話，你也會懷疑別人說的話。

沒錯，你是怎麼樣的人，你就會認為別人怎麼樣。反過來說，你認為別人怎麼樣，你可能也是這樣。就像《聖經》所說的：「由所結的果子便可以認出他們來。」從你的思想和行為就知道你是什麼樣的人。

品德不好的人，會懷疑別人的品德

人們往往有一個傾向，當他們不了解別人的情況時，常會以自己的個性、想法或偏好來推論別人。或者說，當人們判斷別人時，常會把自己的特性「投射」給別人，想像別人的特性也和自己一樣。這就是前面我們提到過所謂的「投射反應」。

有個花心的大老闆與女明星交往甚密，想娶她為妻，但又不知道她過去的品德如何，於是出錢請私家偵探去調查。

去的人沒幾天回來說：「大家都說，她以往品德很好，就是最近不大好，和一個品德很差的老闆混在一起。」

一個品德不好的人，就會懷疑別人的品德；一個對別人不忠誠的人，也會懷疑別人對他的忠誠；一個不正直、不正經的人，就會把別人的任何舉動都「想歪」，因為他就是那樣的人。一個對別的女人有非分之想的人，自然而然地，也會猜疑自己的女人。

所以，如果你想知道你是怎麼樣的人，很簡單，那就問你認為別人怎麼樣，你便會找到答案。

老遇到討厭的事的，往往是令人討厭的人

有些人常不解，為什麼自己不論到哪，都會遇到讓人生氣的事，或是總遇到討厭的人，到底原因何在？其實，答案就在自己身上。

我有一位老同學，他常換工作，而原因幾乎都是和公司裡面的人處不來。在一次閒聊中，他不解地問我：「好奇怪，為什麼我會那麼倒楣，老遇到一些討厭的人？」

「我怎麼知道，」我把問題還給他：「這問題你應該問自

己。」

如果有些問題老黏著你不放，你就必須反過來問自己，因為問題很可能就出在你身上。引自作家歐康納（Frank O'Connor）的話：「他找不到問題的根本在哪裡，因為他的問題根本就是他自己。」

沒錯，你不能容忍他人的部分，就是不能容忍自己的部分。如果你老是遇到讓人討厭的事，很可能你也是令人討厭的人。我們總以為問題是出在別人，所以不斷地向外找。事實上，除非你向內找，否則你是永遠找不到答案的。

說人是非者，就是是非人

我們可以看那些「問題人物」，其實他們自己才是最有問題的人；喜歡挑人毛病的人，其實自己才是最有毛病；喜歡說三道四的人，其實自己才是最不三不四。

說人是非者，就是是非人。如果你「很擅長」發現別人的錯誤，那你一定也是擅長批評的人，你要不是很會挑別人毛病，就是對別人說的話特別敏感，可以聽出「弦外之音」，指出別人的不是，你會非常清楚別人的問題，因為你也是這樣的人。

我說過了，別人最惹你討厭的地方，通常也是你最受不了自己的地方。你會很難容忍別人對你批判，因為你就是愛批判別人的人。

如果你很愛發脾氣，你就會認為別人常惹你生氣，每一件事都可能變成你憤怒的理由。並不是說每一樣東西都是錯的，而是你會投射，你會把隱藏在自己內在的東西投射到別人身上。你會譴責每一個人、每一件事，因為你有太多的怒氣，所以即使是一點小事也能引燃怒火。

責備別人的人，才是最需要被責備的人

別人身上的負面特質會激怒你，往往反映你也有相同的特質；別人讓你聽不進去的聲音，都反映出你內在的一個聲音。如果你無法接受別人的批評，你要問自己，「內在是否有一個部分在批評自己？」每當你受到批判，你會難過，你會反擊，一定是你對自己也有類似的批判。當你看清它跟你無關，你就不會受影響。

此外，別人對你說什麼，也反映了他們是誰及他們的內心世界。他們批評你很可能是因為他們對自己不滿，甚至自己就是他們所批評的「那種人」。當一個人心存邪惡，就特別容易看出別人的錯誤。所以，責備別人的人，自己才是最需要被責備的人，他的譴責，正是內心邪惡的表現。反之，我們對別人的苛責也是一樣。

當你內心走向良善時，你將停止批評別人和對別人的批評產生反彈。

從果子就知道你種的是什麼樹

關係中的每一個人都是你部分自我的反射鏡，如果你不喜歡他們，他們便會反射一個你所不喜歡的自我面貌。那就是為什麼那些有修行和有修養的人總是慈悲的，他們既不批判，也不會定人罪。因為批判罪惡，也顯示自己內心存在的罪惡。

宗教家皮爾博士（Dr .Norman Vincent Peale），曾問在晚年時的胡佛（Herbert Hoover）是如何去忍受一切惡意批評及加在身上的仇恨。他回答：「當你內心平和時，痛苦的經驗是無法淹沒你的。」

他說得對，如果你對一棵長滿蘋果的樹木丟石頭，掉下來的就只會是蘋果，不管誰丟的都一樣。一個真正良善的人，不管你對他怎麼樣，他顯現出來的就只會是平和、良善，因為他就是那樣的人。

是的，從果子就知道你種的是什麼樹。

不管多大多老，不管家人朋友怎麼催，都不要隨便對待婚姻，婚姻不是打牌，重新洗牌要付出巨大代價。

——夏綠蒂．勃朗特《簡愛》

法則三：你內在是什麼，就會被什麼樣的人吸引。你對外排斥什麼，對內就排斥什麼。

"你不喜歡虛假的人，也反映你不喜歡虛假的自己；
你不喜歡膽怯的人，也反映你不喜歡膽怯的自己。
那些你不喜歡的，往往都是存在你的內在，而被你否認（隱藏）的部分，因此當有人把它表現出來，你就會覺得排斥。"

每當問到男女何以互相吸引，何以愛上對方，絕大多數的人總是糊塗懵懂，答不出所以然來，只覺得是感覺對了，然後就這麼愛上對方。但是世界上有成千上萬的人，為什麼會是這個人，而不是其他人，這問題你想過嗎？

為什麼才看一眼而已，有人就看對眼；為什麼才一面之雅，有人就一拍即合？為什麼有些人才剛認識就好像「認識很久」？

原因就出在你的內在，因為對方的某些特質正好符合你內在的形象，所以很自然的，你們一見面就很契合，就好像「似曾相識」，就覺得「他就是我要的男人（或女人）」。

為什麼你會愛上這個人？

每個男人的內在都攜帶著一個女人的形象，而每一個女人的內在也攜帶著一個男人的形象。當外在世界的某人符合自己內在的形象時，就被對方所吸引，這就是人們所謂愛的感覺。

然而多數人並不了解事情為何如此發生，也只能聳聳肩說：「我也說不上來！」

外在的女人或外在的男人都是內在的呈現。你內在是什麼，就會被什麼樣的人吸引；你會愛上某人一定是那個女人或男人接近你內在的那個女人或男人。那個愛並不是來自頭腦裡，而是來自內心；那就是為什麼你無法講出任何理由說為什麼你會愛上這個人，因為它根本就不是一件理性的事。

你或許覺得疑惑，有些人喜歡的對象，並沒有什麼特別的，你甚至還覺得厭惡：「奇怪，他怎麼會喜歡她？」其實，這沒有什麼好奇怪的，因為你並不知道他的內在。同樣的，當有人質疑你選擇的對象，你也不必多說什麼，因為他們並不了解你的內在，情況就是這樣。

為什麼你會討厭那個人？

人都喜歡和「自己喜歡」的人在一起，這是天性。每個人都喜歡跟自己契合的人相處，所以當你覺得跟某人很合，你會說：「我們很像。」而當你這麼說時，你看到的是這個人「受到你喜歡」的部分。

有時你喜歡別人的某個特質，是因為你覺得那是自己缺乏的。不過如果你能在別人身上看到並欣賞那個特色，其實你也具備了那個特色。

比方，你本身個性是屬於保守被動的人，可能會和同樣是個性保守被動的人很合，你可能也喜歡和比你開朗卻主動的人交往，因為那可能也是你內在所喜歡或擁有的形象。換言之，你會欣賞的人，要不是跟你一樣，就是你期待跟他一樣。

此外，有些人會被偶像或精神導師吸引，也是因為他們內在就有同樣的特質等著被開發出來。那是屬於內在的一個反映，而非外在的。

一般而言，那些我們相處愉快的人，正是反映了我們喜歡且接受的內在自我面向；而那些我們不喜歡的人，也反映我們覺得不愉快且不接受內在的自我。

比如，你不喜歡虛假的人，也反映你不喜歡虛假的自己；你不喜歡膽怯的人，也反映你不喜歡膽怯的自己。那些你不喜歡的，往往都是存在你的內在而被否認（隱藏）的部分，因此當有人把它表現出來，你就會覺得排斥。

你對外排斥什麼，對內就排斥什麼。你排斥自己內心的什麼，投射到外就排斥什麼。

教雙方和諧相處，不如讓自己內心和諧

所以，當有人問我要如何改善關係，我總會告訴他們：「首

先你要深入內在，除非你內在的問題先解決，否則你不但無法改善，而且會製造更多問題。」

一個有控制欲的人，除非內在的空虛得到填補，否則就不可能放下別人，也難以解放自己；一個滿懷怨恨的人，除非內在憤懣的情緒得到抒解，否則就不可能停止怨懟；一個愛嫉妒的人，除非內在能找到自信，不再跟人比較，否則就不可能停止嫉妒。

每個人外在的言行舉止都是內在思想的呈現。你如果無法信任自己，就很難信任別人；你如果無法尊重自己，就很難尊重別人；你如果無法肯定自己，就很難肯定別人；你如果不能照亮自己，就不可能照亮別人。這是很簡單的道理，你必須先散放光芒，然後別人才能看得到光芒。

你無法給別人你沒有的。如果你內在沒有愛，你就無法給人愛，要怎麼給？你對自己感到厭惡，那你能給別人什麼？因此，當伴侶們沒有了愛而彼此傷害，我不會告訴他們要如何努力愛對方，而是要求他們先學會愛自己，因為傷害對方其實就是傷害到自己。

教雙方要如何和諧相處，不如教他們讓自己內心和諧，那樣雙方自然會和諧；教他們如何增進彼此感情，還不如教他們增進自我成長，那樣彼此關係自然會成長。

一切持續的衝突，是你的內在和外在的衝突

你與每個人的關係，都反映出你與自己的關係。如果你不斷與自己的內在衝突，那麼你也會不斷與別人衝突；如果你自己內在的情感掙扎，那麼你也會與別人在情感上發生掙扎。我們在感情中所遭遇的問題，就是我們內在的問題。

男人與女人之間的問題總是剪不斷理還亂，其中的關鍵並不是外在的，而是發生在內在。

任何你在對方身上所看到的，然後你非常排斥的，都是你內在所排斥的部分。如果你不認同某人，你必須先審視自己不

認同的自我部分，因為他是另一個軀體內的我，它是你內在的另一個形象。如果你能了解這個基本的法則，你就能了解一切持續的衝突——是你的內在和外在的衝突。

我們所吸引的關係，都反映出我們所擁有的特質，以及顯現我們的內在自我。所以，關係出問題的人，不僅要檢討你跟別人的關係，也要反省你跟自己的關係。以下是一些你可以自我檢視的問題：

「當我觀察你所反映的我，我感到＿＿＿＿。」（諸如憤怒、恐懼、失控、困惑之類的感受。）

「你反映了我的哪個自我？」

「外在」那些困擾我們的問題，正是我們「內在」無法整合的部分。如果你想改善外在的一切，就必須從改變內在開始。套句心理學家威廉．詹姆斯（William James）的話：「人們只有改變內在的心，才能改變外在人生。」沒錯！

也許，正因為我們彼此的不完美，才讓我們成為彼此的完美伴侶。

——珍．奧斯汀《艾瑪》

法則四：你約束別人，自己也會被約束。你越恨就越束縛，你越愛就越自由。

“有人無法原諒別人，是因為他們認為原諒就是赦免傷害人的行為。事實上，當你原諒某人，你想饒恕誰都跟別人無關，完全跟你自己有關。記住，當你原諒別人時，你並不是寬宏大量，而是自私，是自愛，是給自己自由。”

放手是很不容易的，尤其要對你所愛的人放手更難，因為人們害怕一旦放手就會失去所愛，所以，愛人們都試著以各種方式抓住對方。但當你抓得愈緊，他就逃得愈遠；而當他跑得愈遠，你又追得愈緊，在這種情形下，彼此的愛遲早都會變成一場惡夢。

放下是很困難的，尤其要放下對你痛恨的人的怨恨更難，因為人們相信一旦放下就等於饒恕對方，就等於赦免傷害的行為，那怎麼可以？所以，大家都緊抓著怨恨，結果錯的是別人，受折磨的卻是自己。

唯一一個會痛苦的人是誰？

有一件事，許多自認在愛中擁有操控主權的人一直沒搞懂，當你掌控別人時，你同時也被掌控；如果你綁住別人，別人也會綁住你。你想想看，當你控制別人，不准他們做這做那，那如果他們不照你的話去做呢？你會怎麼樣？你就會不高興，對嗎？你的喜怒哀樂是由別人來決定，你認為他們是被你掌控的嗎？不，其實你才是被掌控的。

有一件事，許多帶著怨恨的人也一直沒有想通，如果你無法寬恕別人，唯一一個會痛苦的人會誰？當然是你自己，因為怨恨和氣憤是附在你身上的。「怨恨」一詞意味著「再感覺」（re-feel）——不管你怨恨的是誰，在你怨恨時，你將感覺傷害。別人或許並不會受傷，但確定的是：在你恨別人時，你必須經歷一段漫長的煎熬與折磨。如果你執著於怨恨，便是將自己凍結在受害者的角色上。

以眼還眼，結果是大家都瞎了

所以，恨一個人是很蠢的，除非你也恨你自己，如果你不斷在記憶中反芻舊傷痛，你就給了最初導致傷痛的人，一再傷害你的力量。那就是為什麼我說，當你怨恨別人時，表示某種程度上你也怨恨自己，否則你為什麼要這樣對自己？

一位同事的先生有了外遇，她忿恨難平：「我不會讓他們好過，我一定會報復……」

我問她，「報復他們，能讓妳快樂嗎？」她一臉茫然，「我不知道，不過，至少出一口怨氣。」

「妳是出了怨氣，還是讓自己生出更多怨氣？」我為她感到遺憾，在這份恨中的最大受害者就是她本人。

著名的黑人人權領袖馬丁・路德・金恩（Martin Luther

King）說：「因為以眼還眼這條老法則，結果大家都瞎了。」他說得對，只有糊塗的人才會覺得應該向人丟石頭，因為打中的人正是自己。如果那是你的敵人，要是他知道你正受到如此的痛苦，一定會樂得手舞足蹈。

愈捨不得，他就愈死得快呀！

我想起在《打開心內的門窗》一書中，作家林清玄曾說過一則故事：

一位婦人來向他哭訴，她的丈夫是多麼不懂得憐香惜玉，多麼橫暴無情，哭到最後竟說出這樣的話：「真希望他早點死，希望他今天就死。」

他聽出婦人對丈夫仍有愛意，就對她說：「通常我們非常恨、希望他早死的人，都會活得很長壽，這叫『怨憎會』。往往我們很愛，希望長相廝守的人，就會早死，這叫做『愛別離』。」

婦人聽了，感到愕然。

「因此，妳希望丈夫早死，最有效的方法就是拚命去愛他，愛到天忌良緣的地步，他就活不成了。」他說。

「可是，到那時候我又捨不得他死了。」婦人疑惑著。

「愈捨不得，他就愈死得快呀！」

婦人笑起來了，好像找到什麼武功祕笈，歡喜地離開。

要怎麼徹底消滅敵人？把敵人變成你的朋友，就徹底消滅他。那就是耶穌說「愛你的敵人」的真正意思。因為如果你能夠原諒你的敵人，你就能擺脫他們，否則他們會繼續監禁著你。

唯有釋放心牢裡的犯人，你才能真正解脫

你越恨就越束縛，你越愛就越自由。如果你能不讓怨恨遮蔽智慧，你會發現，那些最難得到你原諒的人，正是你最需要

原諒的人；最難放手的人，正是你最需要放手的人。

有人無法原諒別人，是因為他們認為原諒就是赦免傷害人的行為。事實上，當你原諒某人，你想饒恕誰都跟別人無關，完全跟你自己有關。記住，當你原諒別人時，你並不是寬宏大量，而是自私，是自愛，是給自己自由。

寬恕帶來自由，而寬恕首先要學會的第一件事，是先學會愛自己。如果你一時無法原諒別人，沒關係，請先將眼光放在愛自己。你想想看，如果你的心裡充滿了怨恨，如何還有空間再容得下愛和快樂，對嗎？

而對愛人無法放手的人也一樣，請試著放鬆你的拳頭。如果你有所領悟，你就會明白，當對方自由的時候，你才能真正的自由；當對方快樂的時候，你才能得到真正的快樂。如果你一直緊抓著別人，你又如何放下自己呢？

沒錯，唯有釋放你心牢裡的犯人，你才能得到真正的解脫。

愛情不是花蔭下的甜言，不是桃花源中的蜜語，不是輕綿的眼淚，更不是死硬的強迫，愛情是建立在共同語言的基礎上的。

——莎士比亞

法則五：

如果你很排斥，它就是你必須學習的課題。

如果你很欣賞，它就可以蛻變成愛。

“

去愛一個喜歡你的人，沒什麼了不起。

去愛一個愛你的人，你什麼分數也得不到。

去愛一個你不喜歡的人，你一定會在生命中學到一些東西。

去愛一個無緣無故責備你的人，你就學到了生命的藝術。

”

人來到世上都是來學習的，學什麼呢？學那些還沒學會的功課。不管你排斥什麼樣的人，它就成了你必須學習的課題。

比方，你很排斥「欺騙和虛偽」，那麼在你生活周遭就常會出現這樣的人；如果你很害怕「自私和囉嗦」，很可能你的同事、老闆、父母、婆媳，或是你的伴侶剛好就是這樣的人；如果你很討厭「神經質和情緒化」，那你就會遇到讓你面對這種厭惡的人，他們的出現都是來讓你學習。

這有點弔詭的法則是沒有人能逃避的，你可以觀察一下，比如小孩後來的行為正是你最害怕的，配偶表現出的行為是你最痛恨的，還有些人很討厭某種老闆和老師或是很怕遇到某種婆婆和媳婦，沒想到最後碰到的就是「那樣的人」，這其實都是「註定」的。

那也正顯示自己的「陰影」

我們主要的人際關係，不斷地反映該學習的課題是什麼。

無論是你的老闆、同事、部屬、朋友、情人、配偶或小孩皆然，這些人所擁有的你所不喜歡的個性、想法和行為，往往都是你需要學習的部分。他們會顯露你的陰影，會一再地重複你所厭惡的言行來讓你學習。

我就以一個討厭「愛生氣」的先生為例，他很厭惡亂發脾氣的人，所以自己也壓抑極多怒氣，無可避免地他將會吸引他所排斥的陰影——愛生氣的人。他會很討厭這些人，因為他們無法掌控自己的脾氣，但是在他排斥別人怒氣的同時，其實自己也滿懷著怒氣，他也無力控制自己的脾氣。

如同我在前面說過的，陰影通常是我們最致力於對抗、也最不願承認自己存在的部分，所以大家在看到別人身上顯現你所厭惡的地方會非常排斥，因為那也正顯示自己的「陰影」。

而當有人指出你的陰影，那就更不用說，你當然會很不舒服，那是一定的，就像一個人待在陰暗的地方久了，當有陽光直射，肯定會覺得刺眼。

越接近事實的指控，你越有可能發火

當陽光進入陰暗的屋內，你發現到處髒亂，這髒亂是陽光帶進來的嗎？不，陽光只是幫它顯現出來。當有人指出你的錯誤，你很氣那個人，但這是他的錯嗎？不，他只是幫你把「發霉的陰影」拿出來曬太陽。

你很討厭某個人，你說：「他說我心胸狹窄，沒氣度。」但你可曾反過來想，你是有氣度的嗎？如果你心胸開闊，為什麼你會討厭那個人？你的反應不是正好驗證了對方的話？

你很氣那個人，「因為他常說我沒思想，說我是傻瓜。」你說：「我最討厭別人這樣說我。」但你想過嗎？如果你有自己的思想，你又何必在乎別人怎麼講？如果你的心情老隨著別人的想法和說法而起舞，這不是「很傻」嗎？那個人並沒有說錯。

你不會因為別人說你想偷竊海生館裡的一隻鯨鯊而冒火，

因為那是你連想都不會想做的事。但是，如果你太太說你旅遊出差是想藉機去「偷腥」，你可能就會辯駁，甚至發火。為什麼？因為這種事有可能發生，或曾經甚至已經發生了。沒錯，一般而言，越接近事實的指控，你越有可能起而辯護和發火。

所以，以後當別人指責你的時候，不要再像以前一樣，立刻去攻擊或反擊，你要開始反問自己，因為他們說的很可能是真的。若不是真的，你又何必那麼「當真」，對嗎？

他們之所以會安排在你身邊都是「有原因」的

人們常感慨與人難以交心，甚至連愛人們都覺得彼此沒有交集，那是因為多數人都太防衛了，一方面採取保護自我的措施，同時又奢望得到互相坦誠，這怎麼可能？如果你從保護的意圖出發，怎麼可能與人交心？你應該反過來，以學習的意圖為出發才對。

人們常說天賜良緣，什麼是良緣？你身邊最親近的人，都是與你「因緣」最深的人，他們之所以會安排在你身邊都是「有原因」的。因此，不要說不喜歡就排斥或試圖逃避他們，因為他們都是「天賜的良緣」，你應該好好利用這個機緣來蛻變自己。

每一個人跟每一個人之間，都是息息相關的，一個在精神上有了進化，所有其他與他相關連的人也會跟著進化，這就是關係。與你有關係的人都會受你的影響，你也會受他們所影響，當你改變之後，你將發現他們也會改變，就好像在一間暗室裡點亮一盞燈，黑暗自然消失。只要你願意打開心胸，讓陽光進來，你所有的關係也會大大不同。

這就是整個生活的藝術

所謂：「仇生仇，愛生愛。」你愈去對抗就愈仇恨，你愈欣賞就有愛。如果你很排斥，它就成了你必須學習的課題；如果你很欣賞對方的特質，它就可以蛻變成愛，這就是整個生活的藝術。

我想起印度大師古儒吉（Sri Sri Ravi Shankar），他在答覆弟子提問時，曾說過一段話：

「去愛一個喜歡你的人，沒什麼了不起。

去愛一個愛你的人，你什麼分數也得不到。

去愛一個你不喜歡的人，你一定會在生命中學到一些東西。

去愛一個無緣無故責備你的人，你就學到了生活的藝術。」

愛是什麼？愛就是欣賞你不喜歡和你不愛的。如果在你生活周遭有太多你討厭或不愛的人事物，那是因為你一直排斥，所以它們才會一再出現，你必須學會生活的藝術——將它們蛻變成愛。

少年時我們追求激情，成熟後卻迷戀平庸，在我們尋找，傷害，背離之後，還能一如既往的相信愛情，這是一種勇氣。

——村上春樹《挪威的森林》

Part 3

如果你覺得別人很難搞，那是因為你無法搞定自己

——————成就幸福美滿關係的五大原則

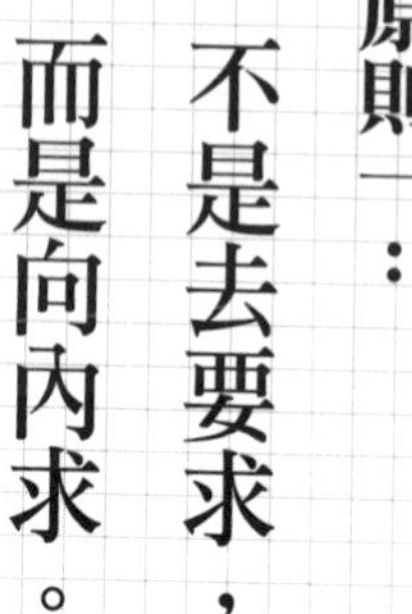

原則一：不是去要求，而是向內求。

“

不要問別人為什麼不尊重你，你應該反問自己：

「你有尊重自己嗎？」

不要說別人為什麼看不起你，你應該反問自己：

「你有看重自己嗎？」

不要抱怨別人傷害你，不要說別人惹你生氣，你應該反過來檢視自己，看看自己哪裡有問題。

”

有一對夫妻，在做完禮拜出教堂時，太太問：

「你有看到坐在我們前面那個女人，穿的那件衣服的款式嗎？還有走道那邊，那個女人穿的高跟鞋，還有你左邊那個人燙的頭髮，你覺得好看嗎？」

「沒看到，」丈夫招認說：「我在裡面睡著了。」

太太狠狠地瞪了他一眼：「真是的，你上教堂是來睡覺的嗎？」

錯誤的一定是別人，這是肯定的，因為我們眼睛的設計是朝外看，只能看到別人，卻看不見自己，所以，我們很輕易地就能看到別人的錯誤。我們可以看到別人嘴上的芝麻，卻看不到自己額頭上的蒼蠅；可以看到別人眼中的刺，卻看不到自己眼中的梁木。

會修理別人，卻不會修正自己

沒錯，人最大的問題就是：看不見自己本身的問題。雖然這種盲目現象很容易理解——正因為我們看不見，問題才會是問題。然而問題也出在這裡，當問題發生時，我們總習慣把手指向別人，卻忘了看向自己。

你沒有注意到嗎？人們很擅長修理別人，卻很少人修正自己；每個人都很會要求別人，卻很少人懂得反省自己。所以，自古以來「認識自己」也就成為探索自我最重要也最困難的任務。早在西元前三百多年孟子就告誡我們說：「行有不得，反求諸己。」即在提醒大家，當事情不順心時，不是去要求別人，而是要「向內求」。換言之，你必須看自己在做什麼，而不是看人家對你做了什麼。

就像症狀是要幫助我們了解病情，讓我們看見疾病所在。

別人只是幫助我們，讓我們看見自己的問題，然而大家卻反過來，每個人都在診治別人，完全忽略了自己的症狀，以致錯失了痊癒的機會。

答案永遠在你身上

診斷出別人有病，並不能改善你的病；說別人沒道德，也不能讓你變得有道德。因為一開始方向就錯了。

你試著在別人身上找原因：「為什麼先生（太太）如此令人厭惡？」然後你們繼續檢討對方，你認為這樣能改善關係嗎？

這樣雙方就會變得令人喜歡嗎？不，你們對彼此只會更加厭惡。

你說：「這都是他的錯，問題都出在他。」然後你繼續往下追，你也許可以說出對方一千零一個錯，但問題有解決嗎？不，那問題只會變得更糟，對方也會反擊，他也會指出你一千零一個錯，到頭來沒有人是贏家。

在別人身上找答案，永遠不可能是對的，你只能找到問題，因為答案永遠在你身上。

因此，不要去要求別人，不要將責任推到別人身上，那對彼此沒有任何幫助。不要去管別人說：「為什麼他會這樣？」那不是重點。你要問的是：「為什麼你會那樣？」這才是重點。

他為什麼這樣對你說話，那是他的問題，為什麼他用那種態度，那是他的事，誰知道他在想什麼。但為什麼你會那麼在意？為什麼你會覺得受傷？為什麼你會那麼生氣？這問題出在你，那才是你要關心的。

許多問題其實都在你的內心，你必須向內求，如果你將責任推給別人，你就是向外走，那整個方向就錯了。

那是因為你有一個傷口

閉起眼睛，向自己內心探詢。把太太（先生）忘掉，把那個被你指責的人忘掉，不要去想，不論別人做了什麼都將它忘掉，只要深入你自己。你將發現在你內在的傷口。

妳先生的話為什麼很傷人？因為他碰到妳裡面的傷口。比方說，妳對自己一直沒有自信，那是妳內在的傷口，所以當他說：「妳很蠢，妳真是沒見識！」妳就會覺得受傷，就會很生氣。

你欺騙過你太太，你曾對她不忠，因此當她懷疑你：「為什麼你會對那女人笑？為什麼你那麼晚才回來，你去了哪裡？」你就變得很敏感，因為你的傷口被碰觸到，你很容易就發怒，不想讓她再說下去。

每當你覺得受到傷害，要記住，那是因為你有一個傷口。就因為你有一個，甚至很多個傷口，所以只要別人不經意地觸碰，你就敏感地又叫又跳。

你生氣，不是因為你的老婆、先生或別人多麼惡劣，他們或許有不對的地方，但你會勃然大怒，那是因為你自己身上布滿著傷，他們的錯只是因為觸碰了你的傷口，如此而已。

你痛苦，不是因為別人的錯誤，他們或許做了某些事，但那是他們的事，除非你身上有傷口，否則不論他們灑鹽、灑水，甚至隨便地觸碰，你都不會受任何影響。

從別人的錯誤中檢討自己

是的，問題並不在別人身上，而是在你的身上。我說過了，別人永遠是一面鏡子，你在別人身上看到的是自己。所以，不要去檢討別人，你應該反過來檢視自己。

「但是，有些事明明是別人的錯，為什麼我要檢討自己？」這是許多人常有的疑惑。有位太太就曾問我：「我先生很不尊重我，每次跟他說話，動不動就對我大小聲，這難道要檢討我自己嗎？」她不解。

「沒錯，妳要檢討自己。」我說：「他為什麼會有這樣的表現？他為什麼會這樣對妳，這問題妳想過嗎？」

「我哪知道！」她回答：「每次他聽到不中聽的話，火氣馬上就來，我只好趕快閉嘴閃人。」

「這就是原因啊，」我說：「妳看到先生發火就閃開，這等於是告訴他，發脾氣是讓妳閉嘴最好的方式。之後，只要他要讓妳閉嘴就會發脾氣，這難道跟妳無關嗎？」

「但……我也是敢怒不敢言。」她說。

「為什麼妳會憤怒？因為妳的內心沒有空間容納這個憤怒；為什麼妳會受傷？因為妳內心預留了一個空間給人傷

害。」我說：「這就是妳要檢討的地方。」我們每個人都必須學習從別人的錯誤中檢討自己。

把指向別人的手轉過來指向自己

所以，不要問別人為什麼不尊重你，你應該反問自己：「你有尊重自己嗎？」

不要說別人為什麼看不起你，你應該反問自己：「你有看重自己嗎？」

不要抱怨別人傷害你，不要說別人惹你生氣，你應該反過來檢視自己，看看自己哪裡有問題。

一個有反省能力的人，才有改變的可能。有位朋友曾這樣反省自己：「我是如此的固執，但我從不承認。後來，當我開放心胸接受別人的意見以後，我才看出自己的固執。」

還有一位讀者告訴我說：「她一直很懦弱，凡事都依賴先生，後來他們離婚了，當她自己面對人生，這才發覺到自己的懦弱和依賴。」

經營關係永遠應該在自己身上著力，要別人為你負責，等於是在「求人」，你成了奴隸，這樣遲早會被牽著鼻子走。

要想成為主人，一個人必須了解到：「不論什麼事發生在我身上，我都必須無條件地完全負責。」在剛開始的時候你會覺得沮喪，因為你無法在別人身上找答案，但是如果你能堅持下去，繼續「向內求」，把指向別人的手轉過來指向自己，把對別人的要求轉成對自己的要求，很快的，你就能活出了自己。

凡事只要看得淡些，就沒有什麼可憂慮的了；只要不因憤怒而誇大事態，就沒有什麼事情值得生氣的了。

——屠格涅夫

原則二：不是去改變，而是去接受。

“愛不是掛在嘴上，愛必須接受缺憾和不滿，接受所有愛的對立面，接受每一樣你討厭愛人對你做的事。是的，如果你真的懂得愛，你會讓自己成為那個理想的人，而不是改變他人來符合你的理想。”

愛情起源於缺憾和不滿，人們覺得內在有所欠缺，對自己不滿，因而尋找那個自己所欠缺的人，然後透過那個人，你看到了理想的自己，這就是愛情。

當你愛一個人，因為他（她）身上有你所沒有，或是你想要擁有的某些特質，因而你希望透過自己與對方的合而為一而達到擁有對方特質。在愛裡，你可以看到自己的潛能，在對方的眼中你見到了你所可能成為最好的樣子，不單如此，在愛裡你也可以見到你愛的人眼中所潛藏的理想自己。

換言之，愛情的目的，就是讓彼此學習成為「更理想」和「更完整」的人。然而，問題也出在這裡，當人進入了愛情往往就迷糊了，他們不是讓自己成為理想的人，而是努力讓對方合於自己的理想；不是讓自己成為更完整的人，而是期待對方填補自己的缺憾，這樣的結果感情當然會變調。

你企圖透過別人來填補不滿，而對方也期待你去填補他的不滿，很快地，雙方會在對方身上發現一千零一個不滿，於是怨懟爭鬥也隨之而生。

沒有成為更完整的人，反而創造出更多的缺憾

你去觀察一下人們的感情，是不是彼此都在挑對方的毛病，都在試圖改變對方？當你愛一個女人，你就會立刻開始改善她，你就會認為她應該怎樣，當然，她也會反過來改善你，要你做這個做那個，要你這樣或那樣：「說話要像這樣」、「舉止要像那樣」。然後當對方不是「這樣或那樣」，問題就來了。

你沒注意到嗎？夫妻間吵來吵去都是為了相同的事、相同的問題、相同的衝突。太太有一個概念，認為先生應該這樣，

而先生則認為太太不應該那樣，雙方都試著改變對方，使對方符合自己的「理想版本」，結果把原本美好的關係搞得很糟。

到了最後，他們甚至都不再說話，要怎麼說？因為一開口談話表示爭執又開始了，而那是老掉牙的問題，沒有改變的餘地，反正已經爭論過無數回，每次的結局都是一樣，他們已經對彼此失望透頂。

怪不得，感情走到後來，人們不但沒成為理想的人，反而看見醜惡的自己；不但沒有成為更完整的人，反而創造出更多的缺憾。

那並不是愛，而是你為愛開出的條件

為什麼會這樣？為什麼愛到最後感情沒有變好反而更糟呢？原因是多數人都搞錯了，以為「愛，就要讓對方變更好」，人們常說：「若不是為了他好，我才懶得理……」其實，這樣的「愛」反而是對愛最大的破壞。

如果你了解人性，你就會發現，想要改變一個人是很困難的事。你怎麼能夠改變別人？你聽過有任何人改變過別人嗎？那是不可能的，因為每個人都是依照自己的想法而存在的，每個人都是為自己而活，你沒有辦法改變任何人，即使有人真的改變，那也是「他自己」想改變。沒錯，除非他自己想改變，否則沒有人能改變的，你的努力只會使情況變得更糟。

所以，千萬別試圖改變別人，千萬別讓對方的缺點變成彼此關注的焦點。畢竟，你們不是因為這個原因才選擇在一起的。不是嗎？

要愛，就要愛對方的全部

為什麼你曾經愛上這個人，然後又一直嘗試要改變？這就是你所謂的「愛」嗎？我必須告訴你，如果他必須變得更好，你才能夠愛；或是他不改變，你就不愛，那並不是愛，而是你為愛開出的條件。

愛一個人，不能只愛半個，不能只愛你愛的部分，要愛就愛他的全部。愛他美的部分也愛醜的部分，愛現在也愛過去，愛優點也愛缺點，因為那缺點也是他的一部分。要是你努力想改變對方，就表示你不是真正愛他，你愛的是你自己。

愛自己，你所要的是對方好的東西；愛他，你所要的是對方這個人；不管他有什麼東西。引自《小王子》作者安東尼・聖修伯里（Antoine de Saint-Exupèry）的話：「欣然熱切渴望幫助他人成為自己，這才是愛。」沒錯，真實的愛是接受對方本來的樣子，而不是改變他成為你要的樣子。

每一株玫瑰都有刺，正如每一個人都有你無法容忍的部分，愛護一朵玫瑰，並不是努力把它的刺根除，而是學習如何不被它的刺刺傷，還有不讓自己的刺刺傷所愛的人。

在愛當中，雙方都完全覺知到他們是不同的，他們的個性、想法、言行舉止是不同的，但儘管如此，他們還是互相愛對方，這樣才是真正的愛。

要改，就要先改變自己

當然啦，兩性關係也不是一成不變。根據我的研究，要讓一個人改變有兩個祕訣：首先，你必須讓他想改變；第二，就是讓他真的改變。

怎麼做呢？要別人改變，先改變自己；要讓事情變得更好，先讓自己變得更好。因此，從現在起：

不要說「我們關係不好」，而要問「我要怎麼做讓彼此更好」。

不要說「他不適合我」，而要問「我要怎麼做讓彼此更合」。

不要說「他不再愛我」，而要問「我要怎麼做來讓他愛我」。

不要說：「為什麼他不改變」，而要問：「我要怎麼改變來讓他改變」。

詩人洛德（Audre Lorde）說得對：「有些人坐等事物自行改變，結果什麼也沒發生，於是他們只好改變自己。」不管任何關係，一定有自己的存在，所以，不要光想著去改變別人，先搞定自己不是比較容易嗎？

終於放棄改變他人，就叫「成熟」；懂得改變自己，就叫「成長」。

愛不是掛在嘴上，愛必須接受缺憾和不滿，接受所有愛的對立面，接受每一樣你討厭愛人對你做的事，如此才能讓自己更成熟和成長。是的，如果你真的懂得愛，你會讓自己成為那個理想的人，而不是改變他人來符合你的理想。

愛情中的甜漿可以抵消大量的苦液，這就是對愛情的總的褒譽。

——濟慈

原則三：不是變完美，而是變完整。

“

兩性透過彼此原是為了「完整」，但大家卻在追求「完美」。這是完全不同的。完整是從對方身上找到自己另一半，完美卻是要求另一半，如此自己難以完整，也破壞了完美。

”

沒有一個男人只是男人，也沒有任何一個女人只是女人，人類是雙性的，你既是男人也是女人。如果妳是女人，那妳顯性部分就是女性，妳的男性部分就是隱藏的部分，男人的狀況則剛好相反。

性別的差異只是外在，每個人的內在都是兩者。男人和女人之所以被劃分，那是因為社會風俗的制約，我們被教導男人就要「像男人」，男兒有淚不輕彈，絕不要像女人那樣軟弱，永遠都要勇敢堅強。而女人被教成絕不要像個男人，女人就要有「女人味」，要溫柔順從、被動矜持，絕不要太強勢；這其實是謬誤，是違反「人性」的。

人應該「不男不女」

男人和女人一樣，眼睛有淚腺；如果男人天生不會哭，那麼淚腺就不會存在。一個從來不曾哭過，或對妻子生氣過的先生將無法深愛她，因為如果你無法表達內心很深層的情感，你怎麼可能表達出深情款款的愛呢？

就像賽斯（Seth）說的：「一個輕蔑他內心女性特質的男人，無法真正去愛一個女人。」

而女性也一樣，有話想說就說，覺得生氣就生氣，不必壓抑著情緒，憤怒的火向內燜燒就會變成怨恨，怨恨多了，怨婦就會變成潑婦。

所以，男人要有溫柔和女性化的一面，女人有時也要有剛強和男性的一面，這樣才完整。如果女人一直處於被動，只知道逆來順受，那麼她就會成為一個奴隸，你去看看，多數傳統社會裡的女人就是這樣；而主動強勢的男人，若欠缺柔軟的心，就很容易變成一個暴君。

太陽的光是強烈的，月亮的光是柔弱的。在白天，陽光能普照大地，給予光亮和溫暖，但是在暗夜裡，月亮的光才是最美、最富詩意的。你可以一直看著月亮好幾個小時，但是太陽就不行，假如你一直看著太陽，甚至在大太陽下看書，你的眼睛會受傷。但是如果你總在昏暗的月光下看書，眼睛一樣會生病。

過於陽性或陰性都是不完整

一個真正完整的人，應該兩性平衡。那就是為什麼人們常說愛情是在尋找「另一半」，你外在的「另一半」即是內在缺少的「另一半」。

外在的人只是達到內在的一個途徑；藉著與外在的女人會合，深愛著她，你將會看見你裡面的那個女人；而外在的男人也是達到內在男人的一個途徑。正如神話中所說，女人原是男人的一根肋骨，所以男女就要相愛、相學習，以成全彼此的生命，這就是兩性結合的真正意義。

例如，有個非常理性的男人和非常感性的女人在一起。對男的來說，如此可發展他的情感面，變得更完整。而對女的來說，培養超然理性態度，讓她更平衡。如果這兩人不整合自己的對立能量，而是企圖改變彼此，則他們會失衡而且分裂。這男人會變得更理性，喜歡說理；而這女人則會變得更感性，更容易「情緒化」。在這種情形下，他們會愈來愈痛恨彼此。

過於陽性或陰性都是不完整。因此有必要以對立的一極來補足。而透過婚姻將兩者結合即是很好的調和機會。遺憾的是，很少人弄懂。兩性之間都在對抗彼此的相異性，那就是為什麼有那麼多不幸的婚姻。

你愛的是一個對象，不是一個偶像

現代人對兩性關係變得越來越有自己的想法，這是可喜又可悲的現象。可喜的是，現代人比過去已經更體悟到「完整」的重要性，所以，有女性特質的「新好男人」和有男性特質的「新時代女性」，才會愈來愈受到青睞。

而可悲的是，兩性透過彼此原是為了「完整」，但大家卻在追求「完美」。這是完全不同的，完整是從對方身上找到自己的另一半，完美卻是要求另一半，如此自己難以完整，也破壞了完美。

也就是說，你找尋另一半是為了讓自己更完整，而不是找一個完美無缺的人。因為沒有人是完美無缺的，如果你真的愛上一個完美無缺的人，那麼在往後相處的日子裡，你們還有什麼成長的空間呢？

你愛的是一個對象，不是一個偶像；如果你想更完美，應該看對方美好的一面，而不是錯誤的部分；如果你想更完整，就必須成全相異（不完美）的那部分，才能讓自己更完整，不是嗎？

當內在兩性合一，就能從人性進入神性

就像作家安東尼．聖修伯里說的：「愛不存在於彼此的凝視當中，而在於從相同的方向一起往外看。」

所以，最完美的婚姻組合，與其說是遇到一個能讓自己欣賞與被欣賞優點的人，倒不如說是找到一個，能讓自己願意包容與被包容的人。他有缺點可以讓妳學會包容，她有些不足讓你可以為她彌補，這樣愛情才有交集。如果雙方都完美無缺，那還需要「另一半」做什麼？乾脆去當神算了。

只有神是完美無缺的，神是完整的，祂既是男性也是女性，是雙性體（bisexuality）。這不是看外觀，而是內在。當男人的內在已經完整時，他就不需要女人，當女人的內在是完整的，她也就不需要男人。像已經成道、成佛的人，他們可以保持單身，因為他們已經找到內在的「另一半」，他們不需要到外面去尋找。換句話說，當一個人內在的兩性得到合一，就能從人性進入神性。

當兩個靈魂合而為一，就是愛，當兩人的個性能結合在一起，就接近神性。每當你為愛人無怨無悔，那都是神性的表現，而當神性彰顯到愛每一個人，那就是神。

愛提供了人最大的機會，去創造你對自己的最高期待，以及作為發現自己最欠缺部分的補強。在愛中，所有人都是完美的，因為每個人都幫助你找到欠缺的另一半，讓你由人性走向神性。

真正的愛情像美麗的花朵，它開放的地面越是貧瘠，看來越格外的悅眼。

——巴爾札克

原則四：

不是去求人愛，而是去愛人。

“

每一個人都試圖從別人那裡取得，雙方都試圖要取回付出的愛，結果沒有人能夠得到什麼。因為只要你需要別人愛你，你就是欠缺愛的人；而如果你的心中欠缺愛，你又如何給人愛呢？

”

大多數人都因「錯誤」的理由進入愛——為了終止寂寞，為了填滿空虛，為了滿足安全、愛、性、感情、財務……等等的需求。而所謂的愛，只是滿足需要的一個反應。

每個人都有需要，你需要這個，我需要那個。愛人們在彼此身上看到了一個需要滿足的機會。於是兩人開始交易，如果你給我你有的東西，我便給你我有的東西。人們把這種交易稱為「愛」，而當對方無法給你對等價值的東西，你很難再交易，也就「不愛」了。

所以，你隨處去看，伴侶們彼此都在要求對方，都在「求愛」，即使付出愛，也是為了得到愛，而當愛得不到回報，彼此就相怨，愛也就煙消雲散。

與其說是「愛人」，倒不如說是「生意人」

如果你深入去看人們的愛戀關係，它們就像是商業關係，比較不像感情關係。與其說他們是「愛人」，倒不如說他們是「生意人」比較貼切。

很多怨偶，常覺得心有不甘，都覺得自己犧牲太多；很多失戀或失婚的人，會苦苦糾纏，也是不甘心。因為我對你一再付出，你就不應該辜負我，你就應該給我回報，這樣的愛，跟「做生意」有什麼不同？當你把付出的愛當成「投資」，而對方沒「等質」的回報，你當然會覺得「血本無歸」，如此一來，愛也就在計較和怨恨下痛苦收場。

感情世界原本充滿著愛，每個人都關心著所愛的人，但奇怪的是，為什麼愛到最後卻充滿著怨恨？問題到底出在哪裡？

原因就出在，你的愛是帶有目的，你的關愛包含了太多的期待，那就是為什麼愛人會變成敵人。因為兩個人之間，都在追求自己的欲望，都為了滿足自己而要求別人，這種關係怎麼會有愛？

大家都把「愛」這個字用爛了，這個字已經變成索求愛的字眼。根據我所聽到的，所有感情失和的人，他們總是說：「對方不愛我。」沒有人說：「我不愛對方。」當雙方都乞求別人的愛，有誰還記得去愛呢？

只有愛得太少的人，才會去要求別人的愛

愛不是取得，而是要給予。這是很少有人領悟到的真理。

習慣上我們總認為拿比給好，得比失好，但是如果你只拿不給，只得不失，我可以保證，到頭來你就會發現自己「得不償失」。那些想要得到愛的人為什麼反而失去愛呢？沒錯，因為他們就是，只拿不給，只想取得而忘了給予。

你對某人好是因為你想要他給你什麼，但你想過嗎？對方之所以對你好，也是因為他想要你給他什麼。那就好像丟出魚餌在釣魚，你們丟出餌並不是要給魚吃的，而是為了要抓魚，結果當魚餌被吃掉，卻沒有抓到或吃到魚，當然會不甘心。

你沒發現嗎？幾乎所有的感情問題就是這樣：每一個人都試圖從別人那裡取得，雙方都試圖要取回付出的愛，結果沒有人能夠得到什麼。因為只要你需要別人愛你，你就是欠缺愛的人；而如果你的心中欠缺愛，你又如何給人愛呢？那就好像兩個乞丐互相在乞討他們沒有的東西。

所以我說，愛不是取得，而是要給予。如果你的心中欠缺愛，你就是自私、不可愛的人，那麼你又有什麼值得被愛呢？要別人愛你，你必須先做個值得愛的人。當你的心中充滿愛，你可以給予別人愛，那你就變得「可愛」，你將獲得更多的愛。

這就是愛的黃金法則：如果你希望被愛，就先去愛人。是的，當你愛得愈多，你就變得越能夠去愛；只有愛得太少的人，才會去要求別人的愛。

去愛，然後其他所有的事情都會隨之而來

有人請教拉丁主教、神學兼哲學家聖・奧古斯丁（Saint Augustine）：「能不能請你用一句話，一句簡單的話，告訴我基督的全部信條。因為我是一個無知的人，我不了解神學的奧妙。所以請給我最簡單的準則，讓我可以理解和依循。」

據說聖奧・古斯丁閉上眼睛沉思了一會兒，然後他說：「那麼只有一件事情——去愛，然後其他所有的事情都會隨之而來。」

在戀愛時，人們為什麼會那麼喜樂？因為當時雙方是無求的。之後他們結了婚，所有滿足和快樂便隨著結婚歲月的增加而遞減，這又是為什麼？因為當初你是在愛人，你在付出過程中是快樂的；而現在你看結果，你是在看別人付出，你是求愛，你當然很難快樂。

沒有人愛很可憐，不過沒有能力愛人更可悲。名作家利奧．巴士卡力（Leo Buscaglia）曾中肯地說，今天的人之所以活得不快樂，就是因為大多數人都太自我、太計較了，他說：「我們關心的，遠比我們知道的少；我們知道的，遠比我們所愛的少；我們所愛的，遠比我們能愛的少。更明白地說，我們所表現的，遠比真正的我們要少。」

這是很諷刺的，在這個世上，每個人都滿心企望找到一個所愛的人，但是大家最欠缺的就是去愛人。

去愛，永遠不會錯

去愛，永遠不會錯。作家羅曼・羅蘭（Romain Rolland）說得好：「凡是人都會犯錯，但付出愛永遠是對的。」你覺得愛錯，那是因為你帶著錯誤的理由進入愛，是因為你的愛是有目的。

愛從不覺得犧牲，不管你為誰做什麼事，如果你是心甘情願的，又哪來的犧牲？如果你愛這個人，願意為他做這件事，你會覺得不甘心嗎？不，如果你覺得自己不甘心，那就不是心甘情願的，既是心不甘情不願，又哪是愛呢？

有愛就不覺得犧牲，只有當愛變少了，才會覺得自己犧牲太多；有心就不覺得不甘心，只有無心了，才會覺得自己不甘心。

愛不是你要努力得到的東西，而是一件你要努力付出的事。愛不是名詞，而是動詞。愛的感覺，是行動所帶來的結果。

那要怎麼做呢？就是用你希望別人對待你的方式去對待別

人，去做你希望對方為你做的事。為了他人的得而我們樂意於失，讓他人的快樂變成我們的快樂，那我們便永遠快樂著，這就是愛。

要感受到愛，那麼我們必須奉獻出愛，唯有在付出愛時才能更懂愛。

人生最遺憾的，莫過於，輕易地放棄了不該放棄的，固執地，堅持了不該堅持的。

——柏拉圖

原則五：

不要被激怒，而是去感激。

“周遭的人都是來教導你，早上辱罵你的那個人也是在幫助你，他給了你一個機會，如果你懂得學習，你可以在裡面學到寬容。那個欺騙你的人也是在教你，如果你懂得學習，你就不會再受騙。那個傷害你的人也在教你，甚至你的敵人都是在教你。”

憤怒是一種關係，它需要某一個人來讓你生氣。除非你瘋了，否則當你單獨的時候，你一定無法生氣，憤怒在你裡面，但是你沒有辦法發出來。然而透過關係，你很容易就能把內在的東西引發出來，你會對跟你有關係的人生氣，關係愈親密，你裡面被顯露出來的東西愈多，那就是為什麼說關係是一面鏡子。

太太反映先生，你可以從太太身上看到你自己，如果你看到一個憤怒的先生，不要責怪你太太，說她惹你生氣，那個憤怒是在你裡面。

同樣的，先生也反映太太，如果妳很氣妳的先生，不要氣呼呼地指責他。那個氣是來自妳自己，也許他做錯了什麼，但那不代表妳就「必須」生氣，會生氣是妳先有氣，如果妳「沒脾氣」，那妳就不可能發脾氣。

先生只是一面鏡子，讓妳看到自己的內在，他讓妳看到自己的個性和情緒，所以，妳要去感謝鏡子，而不是去責怪。

打破再多的鏡子，也無法改變你的容貌

有句格言說得好：「人可以透過別人的眼睛見到自己的缺點。」為什麼要透過別人的眼睛？因為我們的眼睛看不到自己的臉，也看不到自己的背，更看不見自己的內在，所以別人也就成了我們最好的借鏡。

藉由別人你才能認識自己。是的，如果沒有別人給你打擊，你就不可能知道自己的脆弱；如果沒有別人讓你忿恨，你也不可能知道自己的包容力；如果沒有別人讓你氣憤，你就不可能

知道自己的氣度。所以，如果你不認識任何人，你就很難認識自己。

可惜的是，很少人善用「關係」這面鏡子，當人們從別人身上發現鏡中的自己，要不是轉身「視而不見」，就是否認或破壞它，大家總是對抗那些顯露出自己德性的人。

原因很簡單：因為這個鏡子使我變醜，所以我就摧毀鏡子，那樣我就不醜；因為這個人讓我變得醜陋，因此我就醜化他……但是這樣做有用嗎？當然沒用，不管你打破再多的鏡子也無法改變你的容貌。

將敵人視為最好的老師

在親密關係或人際關係裡，你所看到的每一個人和每一件事，都是讓你認識和改變自己的良機。無論你的關係維持多久，半個月、六年，還是半世紀。請記住，對方的出現都是為了教你某種功課。

周遭的人都是來教導你，早上辱罵你的那個人也是在幫助你，他給了你一個機會，如果你懂得學習，你可以在裡面學到寬容。那個欺騙你的人也是在教你，如果你懂得學習，你就不會再受騙。那個傷害你的人也在教你，甚至你的敵人都是在教你。

如果你懂得容忍、寬恕你的敵人，你將發展出慈悲心。事實上，敵人比朋友對我們的幫助更大。如果沒有敵人，我們不會有機會產生忍耐與包容力。我們的朋友不會讓我們有鍛鍊的機會，只有敵人能提供這樣的機會。從這個角度來看，我們該將敵人視為最好的老師。

當然，乍聽之下，一般人可能很難接受：「什麼，要我將敵人視為最好的老師？」的確，這並不容易。但是換個角度想，如果我們這一生從來沒有遇過那些傷害你、批評你、指責你的人，你恐怕永遠都長不大，不是嗎？

討厭的特質，反而變成最具有價值的指引

多年前，在加州大學聖塔巴巴拉分校，西藏精神領袖達賴喇嘛接受了一群孩子的訪問。

一位十五歲的女孩問達賴喇嘛可否告訴他們，誰是對他最有影響力的老師？

他帶著神祕的笑容說：「這答案會使你們驚訝。雖然在我的生命中，曾經歷過許多對我影響深遠的人事，我卻要說，影

響我最深遠的人，無疑地是毛主席。由於我倆對西藏的未來持對立的意見，有很長一段時間的確遭到許多的苦難。但如果不是毛主席，我不會有機會學到容忍和寬恕。」

這是我在《其實你有改變的力量》一書中寫過的故事。曾有位讀者寫信給我，她提到說：她本來跟先生和婆婆處得非常不好，敵對關係整整有七、八年之久，然而就在讀過這篇故事之後，她決定徹底改變。

她開始將先生和婆婆看成她的老師，而非看成敵人。慢慢地，他們之間的緊張關係緩和下來，丈夫也有了改變，最近連婆婆也開始不同，沒想到，他們當初所討厭對方的特質，現在反而變成最具有價值的教導。

這個人是要教我什麼？

受到那位讀者的影響，此後每當有人激怒我，我也開始問自己：

「這個人是要教我什麼？」

我開始學習把敵人當成老師，把別人對我的傷害、批評、責難看成是需要學習的課題：

性急的人是來教導我積極；
固執的人是來教導我彈性；
誇大的人是來教導我謙虛；
閒散的人是來教導我放鬆；
偽善的人是來教導我真誠；
粗魯的人是來教導我優雅；
聒噪的人是來教導我安靜；
暴躁的人是來教導我平和……
如此，激怒的人也就了我感激的對象。

你是不是也應該感激他呢？

記得黎巴嫩詩人紀伯倫（Kahlil Gibran）在《沙與沫》，曾寫過這麼一段話：「我從多話的人學到靜默，從偏狹的人學到寬容，從殘忍的人學到仁愛，但奇怪的是我們對這些老師並不感激。」

如果你靜下來想想，就會同意，生命中最艱難的經歷及最難纏的人，總讓你學到最多。遺憾的是我們對這些老師似乎沒一點感激，還常被激怒或對他們生氣，想想，自己是不是也該改變一下了？

你會對為那個診斷出你疾病的醫生生氣嗎？即使醫生開刀傷害你，但當你得到救治，你是不是也應該感激他呢？

當別人以他的「惡」來成就你的「善」，你不覺得應該感謝嗎？

相愛的人不該爭吵。因為他們只有兩人，與他們作對的是整個世界。他們一發生隔膜，世界就會將其征服。

——海明威《戰地春夢》

【結語】

愛不是你以為的那樣

不是：「因誤解而結合，因了解而分開。」

而是：「因誤解而分開，因了解而結合。」

那些因「了解」而分開的人都「誤解」了。

愛是沒有原因的，即使有，也是你自己給的；但不愛或恨對方，一定有原因。因為兩人相愛往往是註定好的，而相處呢，你只要隨便去找，都能發現對方的不好，那就是為什麼人們常說：「相愛容易相處難。」

當然，你也可以反過來說，「相處難，所以相愛容易。」怎麼說呢？你想想看，若不是相愛容易，誰會愛上一個難以相處的人，對嗎？

人很容易在黯淡的燈光下愛上一個人，而他們絕不會在這種燈光下挑衣服。去觀察戀愛中的人，你就可以發現，他們的眼神總是朦朧的，心總是沉醉著；而結婚之後，他們的眼力可以發現一點小錯，他們會變得異常清醒。以同樣的清醒，人是不可能墜入愛中。

怪不得有人說：世界上最成功的愛人就是戀人，他們眼睛「瞳孔放大」，什麼都看不清楚。但是很不幸地，大多數的愛人都結了婚，他們瞳孔都縮小了，小到甚至無法容下一粒沙，到後來才說自己「遇人不淑、識人不清」也就不足為奇。

婚姻是「不完美的組合」

戀愛總是美好的，導致人們對婚姻產生了誤解，以為婚姻是「完美的結合」，以為「當王子遇到公主」從此就能過著幸福快樂的生活。所以一旦婚姻出現問題，就懷疑起婚姻，說什麼：「婚姻是戀愛的墳墓」，有人甚至不敢進入婚姻，這都是誤解了婚姻。

心理學家林克（Link）曾為婚姻下定義為：「兩個不完美的個人採取步驟，結合共同力量，奮鬥以求幸福。」換句話說，婚姻是「不完美的組合」。婚姻是提供一種機會，讓兩個不完美的個人，能相互學習，透過彼此而不斷進化以求幸福。

沒錯，正因為彼此都不完美，婚姻反而是向著更完美「變為」的一種摸索。若是只做朋友，很多毛病你根本沒有機會碰觸到；而同事或上司，即使再不合，也因職位權限的顧慮不可能完全顯現。但是，在親密的婚姻關係裡，你不可能一直偽裝，任何毛病遲早都會跑出來，這即是婚姻的「功能」。

在婚姻發生的一切中認出自己

由於夫妻距離很近，每天都「短兵相接」，即使芝麻小事，都會突顯成大問題，原本可以一笑置之的差異，也變成難以忍受的問題和衝突：

為什麼不早點回家煮飯？為什麼小孩子不管教好？為什麼

要熬夜打麻將喝酒？為什麼要借錢給他？為什麼亂買東西？為什麼就不能多關心我一點？為什麼人家可以做到你卻做不到？為什麼這樣？為什麼那樣？如果跟朋友、同事你會有這些問題嗎？

誰能像你的伴侶一樣，輕易按一下你的情緒按鈕，就能使你抓狂？誰能像你太太一樣，讓你失控暴躁？誰能像妳先生一樣，常常激發妳人格最壞的部分？誰能像他們一樣，看到你最醜陋和最脆弱的一面？只有你的另一半，對嗎？

伴侶是最可貴的鏡子，你可以從那面鏡子中看到自己的模樣，對方也可以從你的鏡子中看到自己的模樣，你會在婚姻發生的一切中認出自己。只要看看你是如何對待你的伴侶，你就可以看到自己的本性。

愛情之神祕，又是挫折和喜悅之處

那是一個多麼棒的機會，你可以藉此找出你反應背後隱藏什麼，你或許會發現長久以來一直攜帶著的某些創傷和內心深處的陰影，那也許是你童年和年輕時的一段傷痛，也許已經是好幾世以來的東西，誰知道？在婚姻中你可以去面對那個經驗，那正是自我認識和自我覺察的最佳機會。

遺憾的是，多數人都不喜歡這樣「被顯露」出來，因而一再否認和排斥那面照出自己本然的鏡子，那就是婚姻失和的原因。還好，既已結了婚，不能像換工作或與人拆夥那樣瀟灑地一走了之，彼此只能努力「重修舊好」。然而就在一次又一次「同修好合」的過程，兩個不合的人慢慢得到整合，這就是婚姻的真意。

就像作家維奧斯特（Judith Viorst）在《面對失敗》一書中說：「婚姻的好處之一就是，等你不再愛對方，或對方不再愛你時，兩個人還是在一起，直到你們可能再度墜入愛河。」

每個人來到人世都是來學習的，任何關係都是來教導我們的。在關係中最親密而最困難的，當屬婚姻；最美好與最醜惡的也是婚姻。夫妻相處是濃縮生命的寫照，一切關係都包含在這種關係之中。你最大的夢想和最大的惡夢，都是與你摯愛的人有關。這既是愛情之神祕，又是挫折和喜悅之處。逃避婚姻，也等於是逃避了人生。

因誤解而分開，因了解而結合

男女分合之大勢，著名劇作家王爾德（Oscar Wilde）有句經典名言：「因誤解而結合，因了解而分開。」他說的沒錯，但我認為那只說對了一半，那只是表面的現象；真正深入探究，應該反過來說才對：「因誤解而分開，因了解而結合。」沒錯，愛人們會分開多半都是因為誤解——大家都誤解了愛。其實，愛不是找到你喜歡的人，而是要接受你不喜歡的；而婚姻成敗的關鍵也不在於你是否夠幸運能遇到一個不會有問題的伴侶，而是你是否能從伴侶身上學習成長，是否能在問題當中找到答案。

更明白地說：愛的開始是有一個能令你完整的人，而結束是有一個你可以與他分享你的完整的人。而婚姻呢，也不是找到一個合適的人，而是要讓自己成為合適的人，然後不合也適合。

印度詩人泰戈爾（Rabindranath Tagore）說得對：「理解就是愛。」你不是愛錯了，而是弄錯了；你們不是不合，而是最好的組合。

那些因不合而分開的愛人們都「誤解」了，愛不是你以為的那樣。

高寶書版集團
gobooks.com.tw

HL 062
愛，不是找到喜歡的人，而是接受不完美的他
（原書名：愛，不是你以為的那樣）
作　　者　何權峰
書系主編　蘇芳毓
編　　輯　黃芷琳
美術編輯　林政嘉
排　　版　趙小芳
企　　畫　陳俞佐

發 行 人　朱凱蕾
出　　版　英屬維京群島商高寶國際有限公司台灣分公司
　　　　　Global Group Holdings, Ltd.
地　　址　台北市內湖區洲子街88號3樓
網　　址　gobooks.com.tw
電　　話　(02) 27992788
電　　郵　readers@gobooks.com.tw（讀者服務部）
　　　　　pr@gobooks.com.tw（公關諮詢部）
傳　　真　出版部 (02) 27990909　行銷部 (02) 27993088
郵政劃撥　19394552
戶　　名　英屬維京群島商高寶國際有限公司台灣分公司
發　　行　希代多媒體書版股份有限公司/Printed in Taiwan
初版日期：2016年5月

國家圖書館出版品預行編目(CIP)資料

愛,不是找到喜歡的人,而是接受不完美的他 /
何權峰著-- 初版. -- 臺北市 : 高寶國際出版 :
希代多媒體發行, 2016.05
　面；　公分. -- (生活勵志 ; HL062)

ISBN 978-986-361-276-6(平裝)
1.戀愛　2.兩性關係
544.37　　　　　105003968

GOBOOKS
& SITAK
GROUP©